शिव वाणी

नीलेश कुमार अग्रवाल

Copyright © Nilesh Kumar Agarwal
All Rights Reserved.

ISBN 978-1-63940-737-8

This book has been published with all efforts taken to make the material error-free after the consent of the author. However, the author and the publisher do not assume and hereby disclaim any liability to any party for any loss, damage, or disruption caused by errors or omissions, whether such errors or omissions result from negligence, accident, or any other cause.

While every effort has been made to avoid any mistake or omission, this publication is being sold on the condition and understanding that neither the author nor the publishers or printers would be liable in any manner to any person by reason of any mistake or omission in this publication or for any action taken or omitted to be taken or advice rendered or accepted on the basis of this work. For any defect in printing or binding the publishers will be liable only to replace the defective copy by another copy of this work then available.

An initiative by

STAALLION FOUNDATION

क्रम-सूची

भूमिका	vii
1. भगवान् शिव द्वारा कथित अनमोल वचन	1
2. शिव ज्ञान	28

• v •

भूमिका

शिव गुट निरपेक्ष हैं। सुर और असुर, देव और दानव दोनों का उनमें विश्वास है। राम और रावण दोनों उनके उपासक हैं। दोनों गुटों पर उनकी समान कृपा है। आपस में युद्ध से पहले दोनों पक्ष उन्हीं को पूजते हैं। लोक कल्याण के लिए वो हलाहल पीते हैं और डमरू बजाएं तो प्रलय होता है। शिव पहले पर्यावरण प्रेमी हैं। शिव पशुपति हैं। शिव ने बैल 'नंदी' को अपना वाहन बनाया, सांप 'वासुकि' को आश्रय दिया। जिसको किसी ने गले नहीं लगाया, महादेव ने उन्हें गले लगाया।

शिव का व्यक्तित्व विशाल है। वो काल से परे है वो महाकाल हैं। सिर्फ भक्तों के नहीं देवताओं के भी संकटमोचक हैं। शिव का पक्ष सत्य का पक्ष है। एक लोटा भरे जल से प्रसन्न होने वाले देवता आपको कहां मिलेंगे। यहीं कारण है उत्तर में कैलाश से लेकर दक्षिण में रामेश्वरम तक शिव एक जैसे पूजे जाते हैं।

विषम परिस्थितियों में भी अद्‌भुत सामंजस्य बिठाने वाला उनसे बड़ा कोई दूसरा भगवान नहीं है। वो अर्धनारीश्वर होकर भी काम पर विजय पाते हैं तो गृहस्थ होकर भी परम विरक्त हैं। नीलकंठ होकर भी विष से अलिप्त हैं। उग्र होते हैं तो तांडव, नहीं तो सौम्यता से भरे भोला भंडारी। परम क्रोधी पर परम दयालु भी शिव ही हैं। विषधर नाग और शीतल चंद्रमा दोनों उनके आभूषण हैं। यही शिव का अद्‌भुत सामंजस्य हैं।

1

भगवान् शिव द्वारा कथित अनमोल वचन

"व्यक्ति अगर अपने कर्मों के लिए अपने को उत्तरदायी समझे तो वह स्वतंत्रता है, जब तक व्यक्ति किसी और को उत्तरदायी समझेगा, तब तक वह निर्भर रहेगा। व्यक्ति अगर यह सोचे की उसके दुःख का कारण कोई और है, तो वह सुखी कैसे रह पायेगा। यह असंभव है, क्यूंकि दुसरो को परिवर्तित करना उसके वश में नहीं, वह तो केवल अपने आप को परिवर्तित कर सकता है। यही एक स्वतंत्रता है उसके पास। जो पीड़ा है, जो कष्ट है, व्यक्ति के अपने फल है, अपने निर्णय के फल और जिस दिन वो अपने निर्णय परिवर्तित कर ले, उसी दिन उसके जीवन में परिवर्तन भी आ जायेगा।"

"सत्य तो यही है की ना कोई तुम्हारा है और ना तुम किसी के। जो है वो परमात्मा का है और जो नहीं है, वो भी परमात्मा का ही है। इस शरीर में तुम इस सत्य से अनभिज्ञ हो, किन्तु इस शरीर के पूर्व तुम्हे इस सत्य का बोध था और इस शरीर के पश्चात भी रहेगा।"

༄

"मुझे पाने के लिए किसी और व्यक्ति को माध्यम बनाने की आवश्यकता नहीं है क्यूंकि भक्त मुझे अपनी मन की पवित्रता से प्राप्त कर सकता है। यदि भक्त का मन ही निश्छल नहीं तो किसी और के माध्यम से वो कैसे संभव हो जायेगा और यदि मन पवित्र है, तो फिर माध्यम की आवश्यकता ही क्यों?"

༄

"रूपवान की सर्वसम्मत परिभाषा क्या है? एक शिशु जो संसार के मापदंड के अनुसार कुरूप होता है। वह अपनी माता के लिए सबसे सुन्दर शिशु होता है। तो इसमें सही क्या है? संसार का दृष्टिकोण या फिर एक माँ का। बाहरी सुंदरता का मापदंड, प्रत्येक व्यक्ति के लिए भिन्न होता है तो इसका चुनाव कैसे हो, की क्या सूंदर है और क्या नहीं? माता पिता को एक बात अवश्य समझ लेनी चाहिए की शारीरिक सुंदरता से अधिक महतत्व, मन की सुंदरता का होता है। इस नश्वर शरीर का रूप समय के साथ ढलने लगता है, किन्तु मन की सुंदरता शाश्वत है।"

"किन्तु भक्ति में परिवर्तन क्यों? संदेह क्यों? क्यूंकि तुम्हारी भक्ति सदैव कुछ ना कुछ पाने की लालसा पे आधारित रहती है। यह भक्ति या प्रेम नहीं, क्यूंकि प्रेम कभी कुछ नहीं मांगता, केवल देता है। बिना किसी प्रतिबंध के और वही प्रेम को परिपूर्ण भी करता है।"

"एक सम्बन्ध की सफलता वह है, जब शब्दों की आवश्यकता ही समाप्त हो जाए। केवल आभास रहे, विश्वास रहे, जागरूकता रहे, संतोष रहे। बिना कहे ही दोनों एक दूसरे की बात समझ ले।"

"चन्द्रमा उसी जल में प्रतिबिम्बित होता है, जो जल शांत है, स्थिर हो। यही तो समस्या है मन की, मन कभी भी शांत नहीं हो पाता है, स्थिर नहीं रह पाता है। जहाँ शांति नहीं वहां कुछ भी नहीं रुक सकता है।"

༄

"किसी भी परिस्थिति में हमारी प्रतिक्रिया क्या हो, हम उस परिस्थिति से क्या चुनते है। यह हमारा व्यक्तिगत निर्णय है, यही निर्णय किसी व्यक्ति को प्रेम, शांति, पूर्ती की और ले जाता है। तो किसी और व्यक्ति को उसका चुनाव घृणा, संघर्ष, शत्रुता, विवाद या विनाश की ओर।"

༄

"प्रत्येक आत्मा का लक्ष्य केवल सुख की प्राप्ति ही तो है। परमानन्द की प्राप्ति। किन्तु हम सुख नहीं, सुख को प्रदान करने वाली वस्तुओं को एकत्रित करना ही जीवन का उद्देश्य मान लेते है। ये समस्त संसार माया है, सबकुछ नश्वर है। जिन वस्तुओं को हम सुख का स्रोत समझ कर एकत्रित कर रहे हैं, वो सदैव नहीं रहेंगी।"

༄

"कौन कहता है की केवल भक्तो को ही भगवन से कुछ चाहिए होता है। भक्तो की श्रद्धा, शक्ति बनके ईश्वर के ऐश्वर्य में वृद्धि करती है, भक्तो का विश्वास ही तो ईश्वर को परिभाषित करता है। भक्तो की भक्ति के बिना, भगवन की मूर्ति भी पाषाण है।"

"शमशान को सब अशुद्ध स्थान मानते है, किन्तु जिस स्थान पर पांच तत्त्व वाले शरीर को मुक्ति मिली और साधक को मुक्ति का बोध, वो स्थान अशुद्ध कैसे हो सकता है। यह शमशान प्रतीक है, की शरीर के बंधनो से मुक्त होने के पश्चात ही कोई, कैलाश पहुंचने के योग्य बन सकता है।"

"मन में उत्पन्न होने वाला लोभ, अहंकार और महत्वकांक्षाय। जो भी इन तीन भावो के अधीन हुआ है, वो असुर है। जब तक ये तीनो अवगुण इस संसार में रहेंगे, संसार पे कोई ना कोई संकट मंडराता रहेगा। संसार में एकता नहीं होगी, समानता नहीं होगी, संसार विभाजित रहेगा।"

"ना ही स्वर्ग का उत्थान है और ना ही नर्क पतन। जिस क्षण हमारे भीतर का नर्क समाप्त हो जाता है उसी क्षण स्वर्ग की आवश्यकता भी समाप्त हो जाती है। क्योंकि, स्वर्ग तो केवल नर्क के कष्ट भोगने वालों का स्वप्न है, अभिलाषा है। जहां पर भीतर का नर्क का अंत होता है वहां पर स्वर्ग की अभिलाषा भी समाप्त हो जाती है। और जहाँ स्वर्ग और नरक का भेद ही मिट जाए वही अवस्था मुक्ति है, मोक्ष है।"

"तुम मन में स्मरण करो, में सुनता हूँ। तुम मन में मुझे पुकारो, में आता हूँ। मुझे कुछ नहीं चाहिए, यदि तुम मन को शिवमय बनाते हो, तो शांति से परिपूर्ण कैलाश है। वही मेरी सुन्दर काशी है, वही मेरी उज्जैनी है।"

"क्या उचित है और क्या अनुचित, यह तो प्रकर्ति में आदिकाल से ही निहित है। ये नियम तो केवल सृष्टि के नियम है और प्रत्येक व्यक्ति के कर्म उसका परिणाम निर्धारित करते है। व्यक्ति के अपने कर्म, उसके उथ्थान या उसके पतन के निर्णायक होते है।"

"संसार के योगी, मुनि निरन्तर निर्मत चित से जिनका ध्यान करते है, वेद पुराण शास्त्र नीति-नीति कहकर जिनकी कीर्ति गाते है। में उन्ही सर्वव्यापक समस्त ब्रह्मांडो के स्वामी, मायापति भगवान् श्री राम का ध्यान करता हूँ। सती, वो कोई और नहीं, संसार का दुःख हरने के लिए, मनुष्य का रूप धारण किये स्वयं भगवन विष्णु ही है।"

"ब्रह्मा सृजन और जन्म का श्रोत होते हुए भी सृजन व् जन्म का नहीं अपितु मृत्यु का सम्पूर्ण ज्ञान रखते है इसलिए ब्रह्मा मेरा ध्यान करते है। विष्णु जीवन का वहन करते हुए भी जन्म व् सृजन का मूल्य अधिक समझते है इसलिए वह ब्रह्म देव का ध्यान करते है। और मृत्यु से पूर्व बीतने वाले जीवन का गुण सत्य कोई नहीं समझ सकता, इसीलिए में नारायण का ध्यान करता हूँ।"

"संतान की जिज्ञासा को धैर्य के साथ सही तर्क और उत्तर के साथ सम्भोधित करना अति आवश्यक है। यदि माता पिता ही उत्तर ना देकर क्रोधित होंगे तो संतान की जिज्ञासा सम्भवत उन्हें ऐसी दिशा में ले जा सकती है, जो उचित ना हो। जन्म देना ही माता पिता का एक मात्र कर्त्तव्य नहीं होता, उन्हें अपनी संतान का व्यक्तित्व सुधार भी करना होता है।"

"ज्ञान भी हूँ अज्ञान भी, प्रकाश हूँ अंधकार भी। दुविधा में हूँ निर्णय भी में हूँ। शांति में और समस्त अशांति भी में, में ही ब्रह्मा, में ही नारायण, में महादेव हूँ।"

"स्वतंत्र इच्छा के नाम पर कोई भी व्यक्ति अपने वरदान का उपयोग करे या दुरूपयोग, यह तो उसी पर निर्भर करता है। शक्ति प्राप्त होने से कोई शक्तिशाली बन जाए यह सत्य नहीं। शक्ति का सम्मान और वहन करने की क्षमता होनी चाहिए, और यह क्षमता किसी वरदान से प्राप्त नहीं होती, यह तो हमारे भीतर ही विकसित होती है।"

"पूर्ण रूप से अनुशासन वही है, जिसके लिए प्रयत्न नहीं करना पड़े। अनुशासन एक ऐसी आंतरिक अवस्था है, जो व्यक्ति के स्वाभाव का, उसके संस्कार का भाव बन जाती है। जब अनुशासन एक कार्य प्रतीत नहीं होता, जिसे पूर्ण किये जाने की आवश्यकता हो। उसी प्रकार जैसे श्वास लेना एक प्राकर्तिक प्रक्रिया है, जो निरंतर चलती रहती है, उसके लिए प्रयास नहीं करना पड़ता।"

༄༅

"जो व्यक्ति, जो समाज, योग से और साधना से जितना विमुख होगा। वो समाज आत्मरक्षा के लिए कवच, दुर्ग, और अस्त्रो और शस्त्रों के निर्माण हेतु सदैव विवश होगा। व्यक्ति के अंतर्मन से सुभता जितनी ही क्षीण होती जाएगी, योग की अग्नि जितनी कम होती जाएगी। उसके जीवन में अंधकार की अग्नि भी उतनी ही प्रचंड होती जाएगी।"

༄༅

"अधिकांश व्यक्ति ईश्वर के प्रति इसलिए समर्पण रहते है ताकि वह अपनी सांसारिक इच्छाओ की पूर्ती कर सके। उनके विचारो की शुद्धता उनकी तपस्या, केवल भौतिकवाद का माध्यम बनके रह जाती है, उसके परित्याग का नहीं। अहंभाव से ग्रसित ऐसे व्यक्ति अपने से परे देख ही नहीं पाते है।"

༄༅

"एक संतान तो परमात्मा का ही अंश होती है, इसलिए पुत्र और पुत्री में भेद करना उचित नहीं। किन्तु तब भी कुछ व्यक्ति ऐसे मूर्खता कर बैठते है, क्यूंकि वह कन्या की महिमा से अपरिचित है, क्यूंकि वो यह समझ ही नहीं पाते की कन्या का सम्मान करना प्रत्येक व्यक्ति का धर्म है। क्यूंकि कन्या जीवनदायी है, वो जननी है और जननी तो केवल सत्कार के योग्य होती है, उपेक्षा की नहीं, उसका तिरस्कार नहीं किया जाता।"

꙳

"यह रहस्य नहीं की प्रत्येक आत्मा मुक्ति की इच्छुक होती है, जो मरता है वो है पांच भूतो से निर्मित शरीर, किन्तु आत्मा तो अजर है, अमर है। जिसकी यात्रा मोक्ष पर सम्पूर्ण होगी।"

꙳

"जब गुरु का अपमान किया जाने लगे और उसका निरादर किया जाने लगे, अपने भीतर की निर्मलता को भाहरी दिखावे की प्रभुता से कुचल दिया जाए, यह मार्ग पतन का ही है। जो व्यक्ति अपनी भूल ना स्वीकार कर उसका प्रायश्चित ना करे, उसपे अटल रहे, उसका विनाश सुनिश्चित है।"

꙳

"किन्तु बिना परिश्रम, बिना तपस्या के जो भी ज्ञान प्राप्त होता है, वो सम्पूर्ण नहीं होता। तुम्हे सभी सुखो की प्राप्ति होगी किन्तु तपस्या के बिना समस्त संसार भी मिल जाए, वो व्यर्थ है।"

॰॰

"बुराई और अच्छाई के मध्य से युद्ध निरंतर चलता रहेगा। आज एक अध्याय समाप्त हुआ है, कल दूसरा अध्याय आरम्भ होगा, जब तक इस समस्त संसार में बुराई है, तो अच्छाई भी होगी। किन्तु अच्छाई और बुराई के युद्ध में जीत सदैव अच्छाई की ही होगी।"

॰॰

"धनी व्यक्ति के पास जो भी अतिरिक्त धन होता है वो उसे दान करना चाहिए, उनके उद्धार के लिए जो अपनी मूल आवश्यकताओं को पूरा नहीं कर सकते। ऐसा करने से संसार में समानता होगी, द्वेष नहीं होगा, सद्भावना बानी रहेगी।"

॰॰

"शक्तिशाली बनना अत्यंत कठिन है किन्तु उससे भी कठिन होता है, शक्तिशाली बने रहना और इसके लिए आवश्यक है की हम शक्तियों से प्राप्त उत्तरदायित्वों का

सम्मान करे, अन्यथा हम स्वयं पर नियंत्रण खो देंगे और यह हमारे पतन का कारण बनता है।"

༺༻

"हम जितनी शांति और सद्धभावना इस संसार में फैलाएंगे उतनी ही शांति और सद्धभावना हमारे भाग में आएगी और जितनी हिंसा और घ्रणा इस संसार में लेकर आएंगे, उतनी हिंसा और घ्रणा का भाग हमें स्वयं बनना पड़ेगा।"

༺༻

"भगवान् शिव माँ पारवती से कहते है की क्या आपको मुझपे विश्वास है, क्या आप मानती है की मुझसे ही सबकी उत्पत्ति हुयी है? मुझमें ही निवास है और सब मुझमें ही विलय होते है। जो कुछ भी है वो मुझमें ही है और जब कुछ नहीं भी रहेगा, तो भी में रहूँगा।"

༺༻

"जीवन कई बार हमारे समक्ष विकल्प प्रस्तुत करता है, हम उन विकल्पों से क्या चुनते है, क्या नहीं इससे हमारा चरित्र और हमारा व्यक्तित्व प्रत्यक्ष होता है और यही चुनाव, महान और साधारण का सीमांकन करता है।"

༺༻

"कुछ भी सुनने और समझने के लिए मन का मौन रहना आवश्यक है किन्तु मन मौन रहना नहीं जानता है, वह तो निरंतर कुछ ना कुछ कहता रहता है, प्रतिबद्ध। शब्दों का आक्रमण चलता रहता है मन पर, और यही आक्रमण है जिसके कारण व्यक्ति कभी भी शब्दों के परे नहीं जा पाता। जहाँ जीवन की सत्यता का बोध उसकी प्रतीक्षा कर रहा होता है।"

"में वो हूँ जो नहीं है। जो नहीं है वो में हूँ। चिरकाल तक सभी को यह स्मरण रहे, जब आप में श्वाश है तो में आप में हूँ और जिस क्षण आप में श्वास नहीं तब आप मुझमें है।"

"एक कन्या विवाह के पश्चात् दो कुलो को जोड़ती है, परिवार की स्थापना हेतु एक कन्या की भूमिका पुरुष से कही अधिक महत्वपूर्ण होती है। जब परिवार से परिवार जुड़ते है तो समाज की स्थापना होती है। पुत्री को परिवार में, समाज में वही स्थान मिलना चाहिए, वही अधिकार प्राप्त होना चाहिए, जो एक पुत्र को प्राप्त होते है।"

"ज्ञान और अज्ञान की परिभाषा को स्पष्ट रूप से समझने के लिए, ज्ञान और अज्ञान की विशिष्टताओं का स्मरण करना आवश्यक है। जिसके कारण स्वार्थ, विनाश, क्रूरता, अशांति, और भय में वृद्धि हो, वो अज्ञान है। किन्तु जो व्यक्ति को उदार, निर्भीक, सहनशील और विनम्र बनाये वही ज्ञान है।"

"सत्य तो शाश्वत है। सत्य ही संसार में संतुष्टि और सुख का माध्यम है। जो सत्य से विमुख है, वह सदैव दुखी रहता है। जिसने भ्रम का मार्ग अपनाया, वो आजीवन ढूंढता रहता है। किन्तु विडम्बना यही है, की उसे यह ज्ञात ही नहीं, वो ढूंढ क्या रहा है।"

"भगवान् शिव अपनी पुत्री से कहते है - ग्रहस्थी का संतुलन पति व पत्नी दोनों पर आश्रित रहता है, पुत्री। यदि दोनों में तालमेल बना रहे तो कठिन से कठिन समय भी सूंदर स्मृतियों का आधार बन जाता है। जीवन की प्रत्येक चुनौती सम्बन्ध को और स्थायित्व प्रदान करती है, किन्तु तालमेल तो तभी संभव होगा पुत्री जब पति पत्नी दोनों एक दूसरे के प्रति समर्पित रहे, दोनों एक दूसरे का आदर करे, एक दूसरे की इछाओ का सम्मान करे।"

"जिनके ह्रदय में श्रद्धा है, उनके लिए पूजा करने हेतु, अपने आराध्य का साक्षात सामने होना अनिवार्य नहीं। वो तो अपने मन के नेत्रों से प्रतिपल उनके दर्शन पा रहे है।"

"आशक्ति से मुक्त होना ही अनाशक्ति है। आशक्ति हींन होने के लिए अपने और पराये का भेद मिटाना अनिवार्य है, और यह तभी संभव होगा जब हम सुख की खोज बाहर नहीं, अपने भीतर करें।"

"भक्त की भक्ति और उसकी श्रद्धा से प्रसन्न होकर, उसके आराध्य उसे दर्शन अवश्य देते है। किन्तु कब, किस रूप में और किस परिस्तिथि में, इसका पूर्व ज्ञान होना, भक्त के लिए संभव नहीं होता।"

༶

"सत्य तो यही है की तुम एक देव्यअंश हो, जन्मोपरांत तुम सबने अपने आप को केवल मनुष्य मान लिया है और यही विस्मरण तुम्हारे कष्टों का कारण है।"

༶

"भूल हर माता पिता से होती है और सदैव होती रहेगी, क्यूंकि कोई एक मार्ग निर्धारित कहाँ है। प्रत्येक संतान भिन्न होती है, प्रत्येक माता पिता भिन्न होते है, उनके अनुभव भिन्न होते है। आवश्यक यह समझना है की संतान को पोषण चाहिए, संरक्षण चाहिए, शरीर के लिए, मन के लिए, उसके आत्मसम्मान के लिए।"

༶

"अपने अन्तः से मुक्त होकर हम जितना बाहर देखेंगे, उतना ही भटकेंगे और भटकने का अर्थ है पाप की ओर अग्रसर होना। चूँकि तुम्हारे बाहर खड़ा भौतिक संसार तुम्हे आवश्यकताओं द्वारा सदैव भटकाने हेतु तत्पर रहता है।"

꧁꧂

"भय का श्रोत है इच्छा, पाने की इच्छा होगी तो उसे खोने का भय भी होगा। यदि जीवित रहने की इच्छा है तो मृत्यु का भय भी अवश्य होगा।"

꧁꧂

"महादेव कहते है - अपने भक्तो को में उनके कर्म से सीमांकित नहीं करता हूँ और ना ही अपने भक्तो में कोई अंतर करता हूँ।"

꧁꧂

"भक्ति मुक्ति का आधार है और मुक्ति तो केवल समर्पण से ही संभव होगी और समर्पण के लिए पुष्प नहीं, स्वर्ण नहीं, आभूषण भी नहीं, रत्न नहीं, धन नहीं, विधि-विधान नहीं, केवल अपने मन को अर्पित करना अनिवार्य है।"

"वो कौन से पुष्प है जो मुझे अत्यंत प्रिय है? इन्द्रियों का नियंत्रण, दया, शांत, तप, क्षमा, ध्यान और सत्य और जब कोई मेरी इन पुष्पों से आराधना करता है तो में अवश्य प्रसन्न होता हूँ।"

"मेरी दृष्टि में कोई छोटा या कोई बड़ा नहीं होता, सबकी योग्यता एक समान और छोटा या बड़ा कहलाने से क्या प्राप्त होता है, सबसे महत्वपूर्ण होता है कर्म, इसलिए आप सबको केवल अपने अपने कर्मो पर ध्यान केंद्रित करना चाहिए।"

"जब रावण ने ललकार के पुछा कौन है, तब भगवान शिव ने कहा - जीव हूँ, में ही ब्रह्मा हूँ, सम्पूर्ण जगत हूँ, निरंजन हूँ, विकराल काल हूँ, में ही एक लघु पल हूँ, में ही अमर हूँ और प्रत्येक मृत्यु मे मरता भी मे ही हूँ।"

"पूजित का साक्षात सामने होना, मन को भटकने नहीं देता है। किन्तु जो सच्चे भक्त है, भगवन तो उनके मन में, उनके ह्रदय में निवास करते है। जिनके ह्रदय में श्रद्धा है उनके लिए पूजा करने हेतु, अपने आराध्य का

साक्षात सामने होना अनिवार्य नहीं।"

☙

"गुरु का स्थान तो इस संसार में ईश्वर से भी बड़ा होता है, जिस प्रकार सूर्य के उदय होने पर अंधकार दूर होता है। उसी प्रकार गुरु के विचार मन में फैले अंधकार को नष्ट करते है। उसे ज्ञान की दिव्यता से सुसज्जजित करते है। गुरु की शरण तीर्थ के समान होती है।"

☙

"अग्नि जलाती है, जल भुझाता है। दोनों के कार्यक्षेत्र पूर्व परिभाषित है और भिन्न है। दोनों एक दूसरे को प्रतिस्थापित नहीं कर सकते। इसी प्रकार इस समस्त संसार में सभी की भूमिका पूर्व परिभाषित है। संसार की यही विविधता, इसकी विशेषता भी है।"

☙

"सत्य को जानने के लिए वन में जाना अनिवार्य नहीं है, अपने निजी, पारिवारिक और सामाजिक दायित्वों का परित्याग भी आवश्यक नहीं है। सत्य तो सदैव हमारे साथ है, हमारे सामने है किन्तु हम स्वयं धीरे-धीरे उसपे अपने क्रोध, अपने अहम्, भय, विचार, और महत्वकांशाओ जैसे कई आवरण चढ़ा देते है। सत्य हमसे नहीं, हम स्वयं सत्य से दूर हो जाते है।"

෴

"किन्तु जब कोई व्यक्ति इच्छाओं को आवश्यकता समझने लगे तो धन कितना ही हो, पर्याप्त नहीं होता क्यूंकि इच्छाएं अंतहीन है। इसलिए मनुष्य कभी ना समाप्त होने वाली इछाओ की पूर्ती हेतु, धन संचय को ही अपने जीवन का लक्ष्य समझ लेता है।"

෴

"कभी भी किसी व्यक्ति का विवेक, उसके संस्कार, निर्भीकता तथा उसके आचरण की परिपक्वता को परखना हो तो उसे शक्तियों से सुसज्जित कर दो, अधिकार सौंप दो, परिणाम स्पष्ट हो जायेगा।"

෴

"जिन्होंने जीवन के प्रति धृणा सिखाई, उन सभी व्यक्तियों ने पृथ्वी को नर्क बनाने में अपना योगदान

दिया इसीलिए अधिकांश व्यक्ति अपने दोष, अपनी त्रुटिया और अपनी व्यर्थता को जीवन पर आरोपित कर मुक्त हो जाते है। उन्हें लगता है की जीवन ऐसा ही होता है और उसके समक्ष वो विवश है। वो यह नहीं समझते की जिन प्रवर्तियों को वो धारण किये हुए है, वो प्रवर्तिया दुःख को जन्म देने वाली वृतिया है। वो अपनी अज्ञानता की गहराई से अनभिज्ञ है, और वह अपने अहंकार में यह स्वीकार नहीं कर पाते, की वह तो कुछ जानते ही नहीं है। अहंकार स्वसर्वज्ञता उत्पन्न करता है।"

"भगवान् शिव कहते है - दुग्ध अर्पित करना, यदि भक्त के मन को दुग्ध के भांति निर्मल ना बनाये तो ये व्यर्थ है। ये अर्पण व्यर्थ है क्यूंकि संसार में ना जाने कितने ही शिशु केवल इस भूख से अकाल मृत्यु को प्राप्त हो रहे है। ऐसे में दुग्ध अर्पित करने का उचित स्थान, मेरा विग्रह नहीं। अपितु वो शिशु है जो निराश्रित है और उपेक्षित है। जब तक इस संसार में कोई भी शिशु भूखा है, समझलो की में भूखा हूँ।"

"किसी का पतन, किसी के उद्धार का आधार नहीं बन सकता। उत्थान तो व्यक्तिगत होता है, आतंरिक होता है। जब किसी समाज में प्रत्येक व्यक्ति, इस आंतरिक उत्थान के लिए अग्रसर हो तभी इस समाज में परिवर्तन वास्तिविक रूप से संभव है।"

"यदि हम अपनी अपेक्षाओं पर नियंत्रण पा ले, किसी और के सुख से, अपने सुख की तुलना ना करें तो हम किसी भी परिस्थति में सुखी रह सकते है। संसार में सबसे शक्तिशाली अस्त्र है प्रेम, धैर्य, करुणा, क्षमा। किन्तु यह आज का ही सत्य नहीं, ये सत्य शाश्वत है।"

"जो अपने स्वार्थ हेतु वनस्पति और जीव जंतुओं का शोषण करे, वो कैसा मनुष्य। जो तुम कर रहे हो, वो प्रकृति पर अत्याचार है और अत्याचारी सदैव अत्याचारी ही होता है। अपनी प्राकृतिक सम्पदा की रक्षा करना प्रत्येक मनुष्य का उत्तरदायित्व है।"

"गंगा मेरी जटाओ से पृथ्वी पर बहती अवश्य है किन्तु अंत में समुन्द्र में आकर मिलना ही उसकी नियति है। उसी प्रकार संतान को भी अपने माता पिता से दूर जाके

अपने लक्ष्य को प्राप्त करना होता है। उसके बिना जो भी प्राप्त होता है वो शुभ नहीं होता, वो सत्य नहीं होता।"

"किसी भी व्यक्ति की उन्नति, उसकी सहजता से प्रत्यक्ष होती है, ना की उसके अहंकार से। अहंकार हमे स्वयं की दृष्टि में बड़ा अवश्य बना देता है किन्तु दूसरे की दृष्टि में हमारा ओझापन प्रतीत होता है। हमारे व्यक्तित्व के दोष उसकी अपरिपकवता का प्रतीक है, ये अहंकार। शक्तिशाली हो जाने का अर्थ ये नहीं के तुम अपने उत्तरदायित्व से मुक्त हो गए हो। शक्तियों में वृद्धियो के साथ उत्तरदायित्व और भी बढ़ जाता है।"

"मुझे किसी की आवश्यकता नहीं, तीनो काल मुझमें समाहित है। भूत, वर्तमान, भविष्य तीनो कालो के प्रवाह आते जाते रहते है। किन्तु में महाकाल हूँ, इन प्रभावों के प्रवाह मुझे अस्थिर नहीं कर सकते।"

"जो व्यक्ति सत्य को जानते हुए भी लोभ का परित्याग नहीं करते, वो सदैव इन्हे खोने के भय में जीते है। और जो व्यक्ति सत्य को जानते ही नहीं, वो अहंकार में जीते

है। और जहाँ अहंकार और भय उपस्थित हो, वहां सुख कैसे रह सकता है।"

๏

"एक महासागर में एक छोटी सी नौका तब तक नहीं डूब सकती, जब तक महासागर का जल उसमें भर नहीं जाता। उसी प्रकार हमारे बाहर कितना भी दोष क्यों ना हो, हम नकारात्मक सोच वाले व्यक्तियों से घिरे ही क्यों ना हो। जब तक हम उनके दोष और उनकी नकारात्मकता को अपने भीतर प्रवेश नहीं करने दे, हमे कोई भी डूबा नहीं सकता।"

๏

"भगवान शिव माँ पारवती से कहते है - यदि तुम किसी से प्रेम करती हो तो उससे उसकी स्वतंत्रता कैसे छीन सकती हो। प्रेम का प्रयाय है विश्वास, यदि तुम व्यक्ति पर विश्वास करती हो तो तुम्हे उसकी स्वतंत्र इच्छा पर भी विश्वास करना चाहिए।"

๏

"किसी को यह दुःख है की उसके पास कुछ भी नहीं और जिसके पास सब कुछ है, उसे यह दुःख है की पाने को कुछ शेष नहीं। सुख को हम स्वयं अपने दृष्टिकोण से परिभाषित कर देते है जबकि वास्तविकता इससे भिन्न

है, इसलिए आवश्यकता है आनासक्त रहने की।"

"जहाँ ना अमृत ना विष, ना सुख ना दुःख, ना स्वर्ग ना नर्क, वही परमानन्द है। उसी परमानन्द तक की यात्रा है तुम्हारी। ये यात्रा अनंत के सानिध्य की है, ये यात्रा सानिध्य के आनंद की है और इस यात्रा में, में प्रतिपल तुम्हारे साथ हूँ। मुझे ढूंढो मत, केवल पहचानो तुम ही में हूँ, में ही तुम, हर आरम्भ का में ही अंत हूँ और हर अंत सदैव मेरा ही आरम्भ होगा।"

"उसने बुराई के मार्ग का चयन किया है पार्वती और यह प्रमाण है इस बात का की मेरा भक्त, मेरे आशीर्वाद का पात्र बन सकता है या मेरे दण्ड का। इसका दायित्व केवल मेरे भक्त पर है, उसके कर्मों पर, उसकी स्वछंद इच्छा पर।"

"माता-पिता ही एक संतान को जन्म देते है, सच्चे सृजनकर्ता है। जो अपने माता-पिता की निःस्वार्थ सेवा करे, जो सच्चे मन से उनकी श्रद्धा रखता है, उसे किसी तीर्थ, किसी पूण्य या किसी दान की आवश्यकता नहीं होती।"

"सुख आतंरिक होता है, संतोष आतंरिक होता है। उन्हें बाहरी तत्वों से रेखांकित और परिभाषित नहीं किया जा सकता, आकार से नहीं पाया जा सकता। आकार के आधार पर केवल अहंकार उत्पन्न होता है। क्यूंकि आकार से तुलना करने का सन्दर्भ प्राप्त जाता है। यदि तुम्हारा आकार छोटा है तुमसे छोटा कोई न कोई अवश्य होगा और यदि उसी प्रकार तुम विशाल हो, तो तुमसे भी विशाल इस संसार में कोई न कोई अवश्य होगा। इसीलिए शरीर या आकार की तुलना करना, कभी भी शाश्वत सुख का आधार नहीं बन सकता।"

"मनुष्य की अंतर निहित पूर्णता को उजागर करना ही, शिक्षा है। समस्त ज्ञान चाहे वह लौकिक हो या आध्यात्मिक मनुष्य के साथ ही रहता है परन्तु अज्ञानता के आवरण के कारण वो स्पष्ट नहीं होता। शिक्षा केवल उस आवरण को हटाने का कार्य करती है।"

"युद्ध किसी व्यक्ति से नहीं, मानसिकता से होता है। युद्ध में संघर्ष अच्छाई या बुराई का नहीं होता। सभी में अच्छाई और बुराई भी है। युद्ध तो विचारधाराओं का होता है। व्यक्ति अपने पराक्रम पर, अपनी क्षमता पर विश्वास कर युद्ध करता है और जब उस विशवास को क्षति पहुँचती है, तो सबकुछ निरर्थक प्रतीक होने लगता है।"

2

शिव ज्ञान

वो व्यापारी जिसके पास इस संसार में, जीवन निर्वाह हेतु सब कुछ था। उसके पास घर छोटा था किन्तु उसके परिवार के लिए पर्याप्त था। उसके छोटे से परिवार की आवश्यकताओ को पूरा करने हेतु, भोजन और धन की भी कोई कमी नहीं थी किन्तु वो व्यापारी सदैव और ज्यादा धन संचय करने की चिंता में डूबा रहता था। सबकुछ होते हुए भी वह सुखी नहीं था क्यूंकि वह यही सोचता रहता था की उसके पास क्या-क्या नहीं है। एक दिन किसी ने उसे बताया की नारायण के वरदान से सबकुछ मिल सकता है। धन के लोभ में वो नारायण की तपस्या करने निकल पड़ा। वह कई वर्षो तक नारायण की तपस्या करता रहा। नारायण उसकी तपस्या से प्रसन्न होकर उसके सामने प्रकट हुए। व्यापारी बोला - प्रणाम प्रभु। नारायण ने कहा - में तुम्हारी तपस्या से प्रसन्न हूँ, मांगो क्या वरदान माँगना चाहते हो? व्यापारी ने कहा - प्रभु, मुझे सारे संसार की भूमि चाहिए, संसार में जितना भी धन है

सब मेरा हो जाए। नारायण ने कहा - भक्त! क्या में तुमसे पूछ सकता हूँ, तुम्हे इतना सबकुछ क्यों चाहिए? व्यापारी बोला - हे प्रभु! में सुखी रहना चाहता हूँ और मुझे लगता है की धन संपत्ति ही सुख का माध्यम है। नारायण ने कहा - किन्तु संसार की परिभाषा, हर किसी के लिए भिन्न होती है। कुएँ में बैठे मेंढक के लिए वो कुआँ ही उसका संसार होता है इसीलिए तुम बताओ, तुम्हारे लिए संसार की क्या परिभाषा है? व्यापारी बोला - सबकुछ प्रभु, जो कुछ भी मुझे दिखाई दे रहा है, वो सब संसार ही तो है। नारायण ने कहा - उचित है, में तुम्हे वरदान देता हूँ की जितना भी संसार तुम अपने नेत्रों से स्वयं देख सको, वो तुम्हारा होगा किन्तु जो तुम नहीं देखोगे, वो तुम्हारा नहीं होगा। व्यापारी अपने अहंकार और सूक्ष्म बुद्धि के कारण सोचने लगा की अब वो इस संसार का सबसे धनी व्यक्ति बन जायेगा और सबसे सुखी भी। सब कुछ उसका हो जायेगा।

उसने सोचा की अगर वह दौड़कर समस्त संसार को देख ले, तो वरदान अनुसार सब कुछ उसका हो जायेगा। यहाँ से वहां, वहां से यहाँ। वो चारों दिशाओं में भागने लगा। जो भी दिखा वो उसे अपना बनाता गया, किन्तु उसका लालच कम ना हुआ, अपितु और बढ़ता गया। निरंतर भागते रहने के कारण, शीघ्र उसका शरीर उसका साथ देने में असमर्थ हो गया। और इस प्रकार उसके पास केवल उतनी ही भूमि रही, जिसपे उसका मृत शरीर पड़ा हुआ था। अकेला, उसके पास उसके परिवार का सुख भी था किन्तु उसने उसका आनंद नहीं उठाया।

इसीलिए सुखी जीवन हेतु धन की प्रचुरता नहीं अपितु अपनी इच्छाओं और आवश्यकताओं में अंतर समझना अनिवार्य है।

৽৾

एक समय की बात है नंदी ने भगवान शिव से बड़े अचरज भरे स्वर में पुछा - प्रभु! में तो आपके और ब्रह्मदेव की बात पर और देवऋषि नारद के प्रश्न पर विचार कर रहा हूँ। में कल्पों से देख रहा हूँ की दानव आता है, तप करता है और किसी देव को, अधिकांश ब्रह्म देव को ही प्रसन्न करता है।फिर वह कोई मनोवांछित वर मांग लेता है, तो उसे वो वर मिल जाता है। उसके बाद वो संसार में भय और विनाश उत्पन्न करता है और अंत में आप उसका उद्धार करते है। किन्तु प्रभु, यह सब बार-बार क्यों होता है? और त्रिदेव तो त्रिकालदर्शी है, तब तो आपको सब पता होगा की कौन क्या वर मांगने वाला है और उसका क्या उपयोग होने वाला है। तो मुझे बताइये प्रभु, फिर दानवो को ऐसा वर क्यों देते है?

भगवान् शिव बोले - नंदी, असुरी शक्तियों का विनाश और मेरे द्वारा उनके उद्धार का कारण साफ़ है। सृष्टि में प्रत्येक जीव को अपनी उर्जाओ को गतिमान रखने के लिए सम्पूर्ण सम्भावना प्रदान की जाती है किन्तु उस ऊर्जा का उपयोग संसार के उद्धार के लिए होगा या विनाश के लिए, इसका निर्णय तो जीव के पास ही होता है।

स्मरण रहे नंदी - कोई भी जीव अपने दृष्टिकोण से अपने कर्मो को उचित ही पाता है। पर हम उसके कर्मो को उचित या अनुचित नहीं कहते, केवल उन कर्मो का परिणाम तय करते है। नंदी, तुम्हारा ध्यान दानवो पर तो गया, की उन्होंने मेरे वरदान का दुरूपयोग किया और मैंने उनका अंत किया। किन्तु ऐसे भी तो अनगिनत तपस्वी है, जिन्होंने अपने कर्म, ध्यान, ज्ञान और भक्ति से उचित विकल्पों को चुना और अपनी ऊर्जाओं को उचाईयों तक ले गए। उनका भी तो स्मरण करो।

नंदी, वरदान का मतलब केवल हमारा तप के अंत में आना और कोई अद्भुत शक्ति देना ही नहीं है। जिन्हे ज्ञान है उन्हें ज्ञात है, हर कर्म में तप है और हर स्वाश एक वरदान। किन्तु यह सार एक ऐसा तथ्य है की जो जानते है वो कह नहीं पाते और जो कहते रहते है, वो जानते नहीं।

भगवान् शिव के अनुसार विवाह क्यों आवश्यक है ?

व्यक्ति की पुण्यता हेतु विवाह आवश्यक है। विवाहित जीवन की अनुभूति, परिवार का सुख, उसके सुख और उसकी सुरक्षा के लिए संघर्ष, यह सभी अनुभूतियां व्यक्ति के विकास के लिए अनिवार्य है। स्वतंत्र तो वो नहीं है जो विवाह के विचार से भयभीत होते है या संकोच करते है। क्यूंकि स्वतंत्रता तो वो है जो किसी भी विचार से प्रभावित ना हो। किसी भी सुख या दुःख से प्रभावित न हो। जो व्यक्ति इतना मजबूत और जागरूक हो उसकी स्वतंत्रता को तो विवाह से भी प्रभावित नहीं होना चाहिए। और क्या गणेश, कार्तिकेय और अशोक यह सभी विवाह के बाद बदल गए? क्या उनका विवाहित होना उनकी भक्ति और उनके समर्पण में या उनकी स्वतंत्रता पर बाधा बन गया? क्या अपने माता-पिता के प्रति उनका प्रेम और उनकी सेवाभाव काम हो गया?

फिर तुम्हे यह चिंता और भय क्यों?

ऐसे रोगियों को प्रेम की आवश्यकता है, सहानुभूति की आवश्यकता है, सहनशीलता और सतभावना की आवश्यकता है, जिनके आत्मसम्मान को पहले से ही ठेस पहुंची हुयी हो। उनके साथ इस तरह का भेदभाव

करने वालो से बड़ा पापी और कोई नहीं। अगर तुम्हे नफरत करनी है तो उसके रोग से करो, रोगी से नहीं। यदि तुम्हे शत्रु समझना है तो रोग को समझो। रोगी तो तुम्हारा मित्र होना चाहिए, जिसकी सहायता करने हेतु तुम हमेशा तैयार रहो। यदि तुम स्वयं उनके उपचार और उनके पुनर उद्धार के लिए सहायता नहीं करते हो और जो व्यक्ति उनकी सहायता करने हेतु तैयार है, उन्हें रोकने का प्रयास करते हो तो तुमसे बड़ा पापी कोई नहीं। यदि तुम उन्हें छायों नहीं दे सकते, तो उनसे उनकी आस मत छीनो।

एक बार माँ सती ने शिव जी पूछा की - आपको तो वरदान देने से पहले ही ज्ञात होता है की तपस्या करने वाला, क्या वरदान मांगने वाला है। जब आपको यह ज्ञात होता है की आपके द्वारा दिया वरदान किसी के विनाश का कारण बन सकता है, तो फिर आप उसे वरदान क्यों देते है?

भगवान् शिव ने कहा - में जिस भी भक्त की तपस्या से प्रसन्न होता हूँ, उसे वरदान अवश्य देता हूँ।

माँ सती ने कहा - किन्तु इतना अनुचित वरदान।

भगवान् शिव ने कहा - वरदान उचित है या अनुचित, यह चुनाव तो भक्त को ही करना है, सती। भक्ति दो प्रकार की होती है।

निष्काम भक्ति - कुछ ना पाने की इच्छा से की जाने वाली भक्ति।

सकाम भक्ति - कुछ पाने की इच्छा से की जाने वाली भक्ति।

हमारा नंदी निष्काम भक्ति का प्रतीक है, इसीलिए उसे शिव यानी में प्राप्त हुआ। जबकि विद्युन्माणि सकाम भक्ति का, इसीलिए उसे केवल शिव का वरदान प्राप्त हुआ है।

माँ सती ने कहा - इसका मतलब यदि कोई आपसे महादेव होने का वरदान मांगे, तो क्या आप उसकी इच्छा भी पूरी कर देंगे।

भगवान् शिव ने कहा - यदि किसी ने यह भी वरदान मांगा तो पूरा तोह करना ही पड़ेगा, सती।

माँ सती ने कहा - किन्तु यह तो अनुचित है।

भगवान् शिव ने कहा - सत्य तो यही है की संसार में कुछ भी अनुचित नहीं है, सती। जो भी होता है किसी उद्देश्य से होता है, जगत के कल्याण के लिए होता है। जिस क्षण भक्त भगवान से अपने सम्बन्ध का अनुभव करता है, उसे परमसुख की अनुभूति होती है। किन्तु जब यह अनुभव उसके मन में नहीं होता, सम्बन्ध तो तब भी बना ही रहता है। भक्त और भगवान् के सम्बन्ध की यही सरलता है।

୧୨

में हूँ, पर में नहीं हूँ। और जो नहीं है, में वही हूँ। जलंधर - समुन्द्र में लहरें उठती है, उन लहरों के भी अपने सुख और दुःख होते है। किन्तु लहरों के वो सुख और दुःख अंततः समुन्द्र के ही सुख-दुःख है। लहरें कभी भी समुन्द्र से अलग नहीं होती किन्तु लहरें समुन्द्र का अंश होती है, उसका विकल्प नहीं।

୧୨

एक भक्त ने भगवान् शिव की आराधना सोने चांदी से की किन्तु भगवान् प्रसन्न नहीं हुए। मरने के उपरांत उसने भगवान् शिव से कहा - हे प्रभु! मैंने आपके मंदिर को सोने से भर दिया, किन्तु आपने मुझे फिर भी कभी दर्शन नहीं दिए।

भगवान् शिव बोले - यदि तुम मुझे एक बेलपत्र पर बुलाते हो तो में अवश्य चला आता। किन्तु तुम्हारे अहंकार के समक्ष, उस बेलपत्र का कभी कोई महत्व ही नहीं था। स्वर्ण की चमक तुम्हारी भक्ति को अंधा करती रही। सच्ची भक्ति कभी भी व्यक्तिगत लाभ नहीं देती। वो तो केवल समाज का, संसार का कल्याण देखती है। तुम जिस सोने से संसार का भला केर सकते थे, वो तुमने मुझपर अर्पण कर दिया। तुम सांसारिक मोह माया से मुक्त नहीं हुए हो, मेरा उद्देश्य तुम्हे दुखी करने का नहीं है, तुम तो मुझे अत्यंत प्रिय हो। किन्तु तुम्हे यह समझना आवश्यक है की में संसार से वैराग्य ले चूका हूँ। नियम, रीति-नीति इन सभी सांसारिक सम्बन्धो से मुक्त हो चूका हूँ। अधिकांश समय तप में रहता हूँ। कभी ऊँचे पर्वतों पर, कभी घने वन में, तो कभी शमशान में। कितने वर्ष बीत जाते है और मुझे किसी की सुध ही नहीं रहती। तन ढकने के लिए जो मिलता है वो ओढ़ लेता हूँ। मुझे केवल भक्त की भक्ति ही प्रसन्न कर सकती है। जो में समझाना चाह रहा हूँ, वो यही है।

ॐ का अर्थ?

ॐ का शब्दार्थ नहीं क्यूंकि ॐ शब्द ही नहीं। शब्द सृष्टि से बने है इसिलए यह वही बता सकते है जो सृष्टि में है। किन्तु समस्त सृष्टि ॐ में है, इसीलिए ॐ का अर्थ जाना नहीं जा सकता। केवल अनुभव किया जा सकता है। किन्तु ॐ का अनुभव तभी होगा जब व्यक्ति

के मन में कोई विचार, कोई इच्छा, कोई स्वप्न और कोई अपेक्षा ना हो। मन पूरी तरह से शांत हो। ॐ का निर्माण नहीं किया जा सकता और ना ही किया गया है। सच्चे मन और एकाग्रता से यदि ॐ का उच्चारण किया जाए तो त्रिदेवो की अनुभूति एक साथ और एक ही स्थान पर हो सकती है।

॰॰॰

माँ सती भगवान् शिव से कहती है - आप तो देवों के देव है, चारो वेदो के ज्ञाता। स्वयं भगवान् होकर भी आप दिन रात किसका ध्यान करते रहते है। कौन है वो? जिन्होंने आपके हृदय को इस तरह रमा है की आपको आपकी पत्नी या किसी भी चीज़ की कोई सुध नहीं रहती। किनकी पूजा करते है आप?

भगवान् शिव बोले - श्री राम को सती। में सदैव उन्ही की कथा का स्मरण करता हूँ।

माँ सती बोली - श्री राम। कौन है ये? जो आपको अपनी पत्नी से भी प्रिय है।

भगवान् शिव बोले - कौन है मेरे राम। क्या बताऊँ सती, तुम्हे की कौन है मेरे श्री राम। उनकी कथा अनंत है। उनकी गाथा अनंत है। उनके गुण अनंत है। ऐसे है मेरे श्री राम।

☙

मन को शांत कैसे करें?

धर्म, ध्यान और समाधि। इन तीनों को मिलाकर संयम की अवस्था बनती है और इन तीनों के द्वारा ही चित को वश में किया जा सकता है। जब तुम धारणा और ध्यान की ओर प्रस्थान करोगे तो चित में विक्षेप का उदय होगा। और विक्षेप से मुक्ति के लिए तुम्हे चित को एक स्थान पर स्थिर करने का प्रयत्न करना होगा। उसके लिए किसी पदार्थ विशेष या द्वेष विशेष पर ध्यान केंद्रित किया जाता है। योग में द्वेष के दो अर्थ है -

पहला - द्वेष आपके शरीर के भीतर भी अवस्थित होता है। वो मध्य अर्थात ललाट के मध्य, नासिका का अग्र भाग, हृदय और नाभि। यह हमारे शरीर में स्तिथ द्वेष है।

दूसरा - इसके अतिरिक्त गुरु, देवी-देवता की मूर्ती, प्रज्वल्लित दीपशिखा, किसी योगी का शरीर, ओमकार

जैसी ध्वनि की आलंभनो को भी योग में द्वेष कहते है। चित को किसी पदार्थ या द्वेष-विशेष में केंद्रित करने की प्रक्रिया को धारणा कहते है क्यूंकि तुम जिसपे मन एकाग्र करो, मन उसके गुण और आकर धारण कर लेता है। चित यदि अशांत हो, अशुद्ध हो, तो इस प्रक्रिया से उसमें शान्ति और शुद्धता का भाव स्थापित हो जाता है। यही एक सर्वोत्तम मार्ग है चित शुद्धि का।

पदार्थ विशेष या द्वेष विशेष का चिंतन करते हुए यदि चित अतरूप हो जाए, तो वो ध्यान है। पूर्ण ध्यान की अवस्था में तुम्हे केवल पदार्थ विशेष या द्वेष विशेष का बोध रहेगा और कोई भी विचार और कोई भी चिंता तुम्हारे मन में स्थान नहीं पाएगी। चित की अवस्था, धारणा से आरम्भ होकर ध्यान की अवस्था से आगे बढ़ती हुई समाधी में जाकर पूर्णता को प्राप्त होती है। जब साधक को 'में' की अनुभूति ना रहे और यह भी अनुभूति ना रहे की कुछ अनुभव किया जा रहा है। जब वो परम शून्य में विलीन हो जाए और इस विलीनता का उसे आभास भी ना हो तो यह परम समाधि की अवस्था होती है।

श्वाश दर्शन - उचित मुद्रा में बैठकर नेत्रों को बंद करना और सबसे पहले अपने ध्यान को श्वाश के साथ यात्रा करने देना। उसके पश्चात श्वास जब तुम्हारी नासिका में प्रवेश करें. तो उसे भूलो मत बल्कि उसके साथ विचरण करो, महसूस करो की यह कहाँ जा रही है, तुम्हे कहाँ स्पर्श कर रही है। जब श्वाश का अस्तित्व तुम्हे हर क्षण ज्ञात रहे तो धीरे से नेत्र खोलो और सबकुछ भूलकर

धारणा और ध्यान की ओर अग्रसर हो जाओ।

॰॰

जो शक्तिशाली है वो अपना वर्चस्व स्थापित करने का प्रयास करेगा, जो निर्बल है उसपे सदैव अत्याचार होता रहेगा। किन्तु शक्तियों को अर्जित कर भ्रमित होगा, स्वयं को ईश्वर समझेगा। और उसका विनाश करने हेतु ईश्वर पुनः किसी ना किसी रूप में अवतरित होंगे।

॰॰

धन आवश्यक है क्यूंकि धन मूल आवश्यकताओं को पूरा करने में सहायक होता है किन्तु जब कोई व्यक्ति इच्छाओं को आवश्यकता समझने लगे तो धन कितना ही हो, पर्याप्त नहीं होता क्यूंकि इच्छाएं अंतहीन है। इसलिए मनुष्य कभी ना समाप्त होने वाली इछाओ की पूर्ती हेतु, धन संचय को ही अपने जीवन का लक्ष्य समझ लेता है। वो लोभी बन जाता है वो भूल जाता है की उसके जीवन का मुख्य लक्ष्य ईश्वर के समीप आना है। ऐसे लोभी व्यक्तियों का अपनी मृत्यु के समय भी एहि दुःख रहता है। की उन्होंने क्या कुछ नहीं पाया, क्या शेष रह गया है। ऐसे समय में वह एक क्षण के लिए भी ईश्वर का स्मरण नहीं करते। उन्हें अपने जीवन की निरर्थकता और व्यर्थता का बोध नहीं होता।

धन चाहे कितना भी हो मूल आवश्यकताएं तो केवल उतनी ही है, तन ढकने के लिए वस्त्र, पेट भरने के लिए आहार और शरण के लिए भवन। इन आवश्यकताओं के पूर्ण होने के पश्चात जो भी है वो इच्छा है। धनी व्यक्ति के पास जो भी अतिरिक्त धन होता है वो उसे दान करना चाहिए, उनके उद्धार के लिए जो अपनी मूल आवश्यकताओं को पूरा नहीं कर सकते। ऐसा करने से संसार में समानता होगी, द्वेष नहीं होगा, सद्भावना बनी रहेगी। किन्तु कुछ व्यक्ति इस तथ्य को समझ ही नहीं पाते। उन्हें अपने एकत्रित किये हुए धन से इतना मोह हो जाता है की वह उसका एक अंश भी किसी और को नहीं देना चाहते। ऐसे व्यक्तियों की सूची में सर्वप्रथम स्थान कुबेर का है।

शक्तिशाली बनना अत्यंत कठिन है किन्तु उससे भी कठिन होता है, शक्तिशाली बने रहना और इसके लिए आवश्यक है की हम शक्तियों से प्राप्त उत्तरदायित्वों का सम्मान करे, अन्यथा हम स्वयं पर नियंत्रण खो देंगे और यह हमारे पतन का कारण बनता है। भूतकाल में की गयी भूल और गलतियों से कुछ ना कुछ सीखना आवश्यक है।

बुराई और अच्छाई के मध्य से युद्ध निरंतर चलता रहेगा। आज एक अध्याय समाप्त हुआ है, कल दूसरा अध्याय आरम्भ होगा, जब तक इस समस्त संसार में बुराई है, तो अच्छाई भी होगी। किन्तु अच्छाई और बुराई के युद्ध में जीत सदैव अच्छाई की ही होगी।

भगवान् शिव एक असुर से कहते है - तुम्हारा अपराध था एक त्रिदेव को दूसरे से बड़ा समझना, उनमें भेद करना और उनमें तुलना करना, यही थी तुम्हारी भूल। तुम यह समझने में असफल रहे की त्रिदेव तो एक है, समकक्ष है। कोई भी किसी से बड़ा नहीं और कोई किसी से छोटा नहीं। कोई भी किसी से अधिक महत्तवपूर्ण नहीं और कोई भी किसी से कम महत्तवपूर्ण भी नहीं। तुमने जो कुछ भी किया वो भक्ति नहीं थी, भक्ति के नाम पर किया जाने वाला अहंकार था की तुम्हारे आराध्य सबसे अधिक महत्तवपूर्ण है। कैसे भक्त हो तुम मेरे ? जो यह भी भूल गए की तुम्हारे आराध्य के भी आराध्य है नारायण। भक्त यदि सच्चा हो तो उसके पास उसके आराध्य को पाने के अतिरिक्त यह सोचने का समय ही कहाँ होता है की उसके आराध्य से महत्ववपूर्ण कोई है भी या नहीं। वह तो प्रतिपल अपना ध्यान केवल अपने आराध्य पर ही स्थिर रखता है और जब ऐसा होता है तो ना तुलना होती है ना प्रतिस्पर्धा होती है और ना ही किसी प्रकार की ईर्ष्या होती है। वहां तो केवल आनंद की अनुभूति ही विद्यमान होती है। यदि तुम यह सोचते हो की यह समस्त संसार केवल मुझसे है तो तुम्हे इस संसार के प्रत्येक स्वरुप से प्रेम होना चाहिए था। तुम्हे इसके कण कण में मेरी अनुभूति होनी चाहिए थी। तब भी किसी प्रकार का भेद भाव तुम्हारे मन में उत्पन्न नहीं होता किन्तु तुमने यह प्रमाणित कर दिया की अपने आराध्य के प्रति तुम्हारी भक्ति वह भी अधूरी थी, अपूर्ण थी।

www.ingramcontent.com/pod-product-compliance
Lightning Source LLC
LaVergne TN
LVHW011900060526
838200LV00054B/4439